Winterliche Außendeko

Die Vorweihnachtszeit ist ideal, um krea gebastelt und gewerkelt, Plätzchenduft z Türen werden festlich geschmückt. Da da mungsvolle Dekoration vor der Haustüre diesem Buch habe ich für Sie Ideen für den Außenbereich ausgearbeitet. Da misst Frau Schneemann, ob die weiße Pracht schon zum Schlittenfahren reicht, der Eisbär macht sich als Aufbewahrungsbox für Streusalz nützlich und der Elch bringt Licht in die dunkle Nacht. Ob aus Holz, Kochlöffeln oder Tontöpfen und mehr, mit diesen Dekorationen wird Ihr Garten oder Balkon garantiert zum Hingucker.

Ich wünsche Ihnen viel Spaß beim Nacharbeiten.

Gudrun Schmitt

IHRE GRUNDAUS-STATTUNG

Folgende Materialien und Hilfsmittel werden für die meisten der gezeigten Dekorationen benötigt. Sie werden in den einzelnen Materiallisten nicht nochmals aufgeführt:

- Laub- oder Dekupiersäge
- Bohrmaschine
- Schere
- Cutter
- Pinsel in verschiedenen Größen
- Zange
- feines Schmirgelpapier
- Feile und Rundfeile
- Schraubendreher
- Prägestift oder Kugelschreiber
- Holzleim, Alleskleber, Sekundenkleber und Heißkleber
- Transparent- oder Butterbrotpapier
- Bleistift, weich und hart
- Radiergummi
- wasserfeste Filzstifte in Schwarz und Weiß
- Buntstift in Rot
- wetterfester Klarlack
- Papiertuch
- kleiner Schwamm
- Zeitung als Unterlage
- Schaschlikstab

So wird's gemacht

mit Holz

1 Das Motiv mit Bleistift vom Vorlagenbogen auf Transparentpapier übertragen. Auf der Rückseite des Papiers nochmals mit einem weichen Bleistift nachziehen. Diese Seite auf das Holz legen und mit einem harten Bleistift die Linien nochmals nachfahren. Das Motiv ist nun auf dem Sperrholz sichtbar und kann mit einer Laub- oder Dekupiersäge ausgesägt werden.

Hinweis: **Auf die gleiche Art werden die Vorlagen auch auf Kochlöffel übertragen.**

2 Für Innenausschnitte in die Mitte des auszusägenden Teils ein Loch bohren, Sägeblatt durchziehen, wieder einspannen und dann sägen.

3 Nach dem Sägen alle Löcher bohren. Dazu am besten ein Holzstück unterlegen, damit das Holz nicht splittert.

4 Die Ränder und Kanten mit feinem Schmirgelpapier schleifen. Für schwer zugängliche Kanten eine kleine Feile benutzen.

5 Zum Bemalen deckende Bastelfarbe verwenden. Dazu an der Abbildung und Vorlage orientieren. Bei nebeneinander liegenden Farbflächen die zuerst aufgetragene Farbe trocknen lassen, bevor die zweite Farbe aufgetragen wird. Zum Schattieren von Farbflächen das Sperrholz vorher mit Wasser anfeuchten, Übergänge mit einem Papiertuch oder einem kleinen Schwamm verwischen. Gesichter und feine Linien etc. mit wasserfesten Filzstiften in Schwarz und Weiß aufmalen. Für die roten Wangen mit einem Cutter Späne von einem roten Buntstift abschaben, diese mit dem Finger aufnehmen und auf das Holz reiben.

6 Die bemalten Einzelteile mit wetterfestem Klarlack überziehen. Vorsicht bei roten Wangen, Klarlack über diese nur auftupfen, damit sie nicht verwischen. Alle Teile gemäß Abbildung und Vorlage zusammenkleben bzw. -schrauben und verzieren.

Hinweis: **Für alle gezeigten Modelle wurde Pappelsperrholz verwendet.**

mit Metallfolie

1 Das Motiv von der Vorlage auf Transparentpapier übertragen. Die Metallfolie auf eine weiche Unterlage, z. B. eine Zeitung legen und das Transparentpapier auf die Folie legen. Mit einem Prägestift oder Kugelschreiber die Linien durchdrücken.

2 Das Transparentpapier abnehmen und die Linien nochmals kräftig nachziehen. Anschließend das Motiv ausschneiden.

mit Tontöpfen

1 Die Töpfe mit Bastelfarbe gemäß der jeweiligen Abbildung grundieren. Bei hellen Farben den Topf zuerst weiß grundieren und nach dem Trocknen die gewünschte Farbe mehrmals auftragen, dazwischen immer trocknen lassen.

2 Zum Übertragen der Vorlagen siehe Arbeitsanleitung zum Arbeiten mit Holz. Zum Grundieren einen dicken Pinsel, für kleinere Flächen einen feinen Pinsel benutzen. Feine Linien mit wasserfestem Filzstift, Wangen mit roten Buntstiftspänen (siehe Seite 2) malen. Für den Außenbereich die bemalten Töpfe mit wetterfestem Lack überziehen.

3 Die Töpfe nach dem Trocknen gemäß der jeweiligen Anleitung weiter verarbeiten. Zum Zusammenfügen der Töpfe am besten Sekundenkleber verwenden.

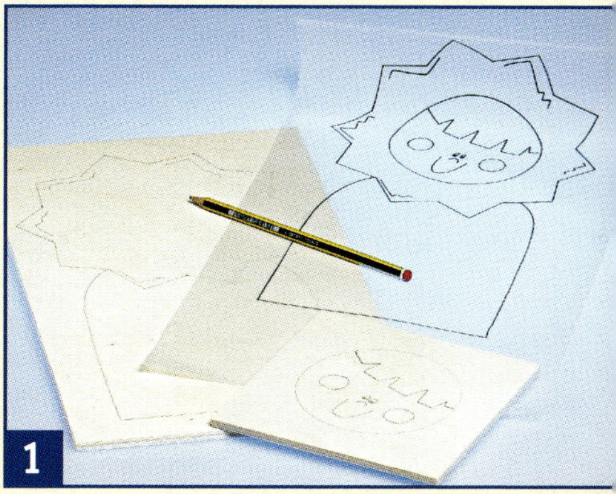

1

2

3

Deko-Schlitten

→ außergewöhnlicher Blickfang

MOTIVHÖHE
ca. 80 cm

MATERIAL

- Pappelsperrholz, 1,2 cm stark, 82 cm x 68 cm
- Rundholz, ø 1,5 cm, 65 cm lang
- Bastelfarbe in Olivgrün, Arktisblau, Weiß, Rot, Hautfarbe, Braun, Ocker, Blau und Schwarz
- Plusterfarbe in Weiß
- Seil in Natur, ø 2 mm, 14 cm lang
- 2 Goldglöckchen, ø 1,5 cm
- 6 Senkkopfschrauben, 3 mm x 2 cm
- Bohrer, ø 2 mm

VORLAGENBOGEN 1A

1 Alle Sperrholzteile aussägen. Die Kufen um 41 cm verlängern, dabei nach 12,5 cm nochmals eine seitliche Erhöhung zum Anbringen des Sternes aussägen (siehe Vorlage). Bohrung an der Kufe (ø 2 mm) anbringen, dann schleifen.

2 Das Rundholz in drei 22 cm lange Teile sägen und ca. 4,5 cm vom unteren Rand der Kufen entfernt mit einer Schraube im 90°-Winkel befestigen. Die andere Kufe dagegen schrauben. Mit brauner Farbe bemalen und trocknen lassen. Die Glöckchen an das Seil binden, dieses durch die Bohrung ziehen und verknoten.

3 Den Stern und den Bogen arktisfarben grundieren. Dann bemalen, dabei mit etwas verdünnter Farbe die Flächen und nach dem Trocknen mit unverdünnter Farbe die Konturen nochmals nachmalen. Die Tannen mit weißer, den Bart mit brauner und den Bär mit ockerfarbener Bastelfarbe schattieren. Die Gesichter mit wasserfesten Filzstiften aufmalen, die Wangen mit roten Buntstiftspänen färben. Gemäß der Abbildung Plusterfarbe auftragen.

4 Nach dem Trocknen die Einzelteile lackieren und dann leimen.

LET
IT
SNOW
40
30

Witzige Messlatte

→ originell und praktisch

MOTIVHÖHE
ca. 100 cm

MATERIAL
- Pappelsperrholz, 6 mm stark, 50 cm x 50 cm
- Kantholz, 2,5 cm stark, 7,5 cm breit, 90 cm lang
- Bastelfarbe in Grün, Weiß, Orange, Graublau, Gelb, Braun, Ocker und Schwarz
- wetterfeste Farbe in Weiß
- Bast in Natur
- Plusterfarbe in Weiß
- Basteldraht in Schwarz, ø 1 mm
- 2 Senkkopfschrauben, 3 mm x 2 cm
- Bohrer, ø 2 mm

VORLAGENBOGEN 1B

1 Alle Sperrholz-Teile aussägen, die Bohrungen (ø 2 mm) anbringen und schleifen. Die Gesichter mit wasserfesten Filzstiften, die Wangen mit Buntstiftspänen gemäß Vorlage und Abbildung bemalen. Nach dem Trocknen mit Klarlack lackieren und zusammenleimen.

2 Das Kantholz unten spitz zusägen und mit wetterfester, weißer Farbe bemalen. Die Skala mit einem wasserfesten, schwarzen Filzstift (ca. 25 cm von der unteren Spitze beginnend) anbringen.

3 Den Schneemann an das Kantholz schrauben. Ein 13 cm, ein 10 cm und ein 7 cm langes Stück Draht zum Formen der Spiralen um einen Schaschlikstab wickeln und wieder abziehen. Die Drahtenden durch die gebohrten Löcher an den Sternen und an der Hand ziehen, dann umbiegen.

4 Mit weißer Plusterfarbe die Sterne beschriften und den Schneemann verzieren. Bast durch die Bohrung am Besen ziehen, um den Besen wickeln und die Enden verknoten.

Dekorativer Elch

→ aus dem hohen Norden

MOTIV-HÖHE
ca. 82 cm

MATERIAL
- Pappelsperrholz, 12 cm stark, 1 m x 1 m
- 4 Rundhölzer, ø 4 cm, 36 cm lang
- wetterfeste Farbe in Weiß
- Band in Rot, 5 cm breit, 50 cm lang
- Tannengrün
- 27 Schrauben, 3 mm x 2 cm
- Außenlichterkette

VORLAGENBOGEN
1B+2A

1 Alle Teile aussägen (Seitenteile: 1 x 14 cm x 17,5 cm, 1 x 14 cm x 19 cm, Boden: 14 cm x 38,8 cm) und schmirgeln. Mit wetterfester Farbe streichen.

2 Den Kasten zusammenbauen. Hierzu an das Bodenteil im 90°-Winkel die schmalen Seitenteile leimen und mit je drei Schrauben befestigen. Anschließend die gewölbten Seitenteile gemäß Abbildung aufleimen und mit je drei Schrauben an den zuvor befestigten Seitenteilen fixieren.

3 Das Geweih mit Holzleim auf dem Kopf befestigen. Dann den Kopf mit fünf Schrauben von der Innenseite des Kastens anschrauben.

4 Die vier Rundhölzer an beiden Enden im gleichen Winkel (ca. 30°) absägen und mit weißer Farbe bemalen. Nach dem Trocknen anleimen und von der Innenseite des Kastens mit je einer Schraube befestigen.

5 Die rote Schleife um den Hals binden und den Kasten mit Tannengrün und der Lichterkette dekorieren.

Tipp: **Den Elch können Sie auch sehr gut bepflanzen. Dazu legen Sie ihn am besten mit starker Folie aus. Mit Päckchen gefüllt sieht er auch toll aus.**

Leuchtender Treppenschmuck

→ einladender Blickfang

MOTIVGRÖSSE

Girlande ca. 2 m lang

Windlicht ca. 14 cm hoch

MATERIAL GIRLANDE

- Tannengirlande, 2 m lang
- Metallfolie in Gold, 2 x A4
- Bindedraht in Gold

WINDLICHTER

- 5 Einmachgläser, ø 11 cm, ca. 14 cm hoch
- Metallfolie in Gold, 3 x A4
- Kordel in Gold, ø 3 mm, 2,50 m lang
- Bast in Natur
- Sand in Natur
- 5 Kerzen in Creme, ø 5 cm, 7,5 cm hoch

VORLAGENBOGEN 2A

Girlande

Motive prägen (siehe Seite 3) und ausschneiden. Mit einem Cutter kleine Löcher einstechen, Draht durch diese ziehen, dann an die Girlande hängen.

Tipp: Schön sieht es auch aus, wenn Sie auf jede Stufe ein Licht stellen. Diese Dekoration eignet sich auch prima für Balkone. Wenn Sie möchten, können Sie die Tannengirlande noch mit einer Außenlichterkette schmücken.

Windlichter

1 Motive prägen (siehe Seite 3), ausschneiden und mit Alleskleber auf den Gläsern befestigen.

2 Kordel und Bast in fünf 50 cm lange Stücke teilen und um die Gläser binden. Die Gläser mit Sand füllen und die Kerze hineinstellen.

Tontopf-Schneemann

→ bewirtet Vögel

MOTIVHÖHE
ca. 70 cm

MATERIAL
- 2 Tontöpfe, ø 21 cm, 19,5 cm hoch
- 2 Tontöpfe, ø 17 cm, 15 cm hoch
- Tontopf, ø 3,5 cm, 3,5 cm hoch
- Tontopf ø 4,5 cm, 4 cm hoch
- Untersetzer, ø 31 cm
- Untersetzer, ø 23 cm
- lufttrocknende Modelliermasse in Tonfarbe
- Bastelfarbe in Schwarz, Arktisblau, Orange und Weiß
- Stoff in Blau-Weiß gestreift, 80 cm x 15 cm
- Strukturschnee in Weiß
- Reisig
- 2 Äste, ø 1 cm, ca. 25 cm lang
- Bohrer, ø 1 cm
- Vogelfutter
- 2 Meisenknödel

VORLAGENBOGEN 2A

1 In einem Tontopf, ø 21 cm, ca. 6 cm vom Boden entfernt, gegenüberliegend zwei Bohrungen (ø 1 cm) anbringen. Dazu am besten ein Stück Kreppband über die Stelle kleben und Löcher senkrecht bohren.

2 Alle Tontöpfe und einen Untersetzer (ø 23 cm) bemalen, die weißen Töpfe nach dem Trocknen mit Strukturschnee betupfen. Gesichter mit wasserfesten Filzstiften malen, Wangen mit roten Buntstiftspänen röten. Nach dem Trocknen mit Klarlack überziehen.

3 Die Nase gemäß der Abbildung aus Modelliermasse formen (ca. 11 cm lang) und ca. 24 Stunden trocknen lassen. Anschließend mit Strukturschnee verzieren.

4 Die Töpfe mit Sekundenkleber zusammenfügen. Den Schal an den schmalen Enden mit der Schere mehrmals einschneiden und dem Schneemann umbinden. Die Äste durch die Bohrungen schieben. Die Nase mit Sekundenkleber befestigen.

5 Reisig für das Vogelnest dekorieren und den Hut des Schneemanns bepflanzen. Vogelfutter in den Untersetzer streuen und die Meisenknödel an die Arme hängen.

Tipp: Arme und Bepflanzung des Schneemanns können Sie auch weihnachtlich, z. B. mit Sternen, dekorieren.

Leuchtende Sterne

→ Hingucker am Gartenzaun

1 Die Sterne aussägen, Bohrungen anbringen und schleifen.

2 Die Sterne bemalen, die silbernen Linien mit wasserfestem Filzstift aufmalen. Anschließend mit Klarlack lackieren und trocknen lassen.

3 Die Birnen von der Rückseite in die Bohrungen stecken. Als Aufhängung pro Stern ca. 50 cm Draht zusammen mit einem Birnchen durch eine obere Bohrung ziehen und zur Schlaufe legen.

Tipp: Je nachdem, in welchem Abstand Sie die Sterne aufhängen möchten, lassen Sie die Lichterkette zwischen den Motiven weiterlaufen.

MOTIVHÖHE
ca. 38 cm

MATERIAL
- Pappelsperrholz, 1,2 cm stark, 70 cm x 80 cm
- Bastelfarbe in Arktis und Weiß
- wasserfester Filzstift in Silber
- Außenlichterkette (180 Birnen)
- Bohrer, ø je nach Größe der Birnen, hier 7 mm
- Draht in Schwarz, ø 1 mm

VORLAGENBOGEN 2A+2B

Weihnachtsboten

→ niedliche Gesellen

MOTIV-HÖHE

Engel-Klangspiel ca. 53 cm

Weihnachtswichtel ca. 38 cm

MATERIAL ENGEL-KLANG-SPIEL

- Glockentopf, ø 14 cm, ca. 12 cm hoch
- Tontopf, ø 11 cm, ca. 11 cm hoch
- 2 Tontöpfe, ø 3,5 cm, ca. 3 cm hoch
- Metallfolie in Silber, A5
- Rohholzkugel, ø 7 cm
- 2 Rohholzkugeln, ø 2 cm
- Seil, ø 1 mm, 1,90 m lang
- Bastelfarbe in Hautfarbe, Silber und Dunkelblau
- Engelshaar in Silber
- Basteldraht in Schwarz, ø 1 mm
- 3 Klangstäbe in Silber, ø 1,5 cm, 21 cm, 24 cm und 27 cm lang

WEIHNACHTS-WICHTEL

- Bieberschwanzziegel gebohrt, ca. 18 cm breit, 38 cm hoch
- halber Tontopf, ø ca. 11 cm, ca. 10 cm hoch
- 2 Tontöpfe, ø 3,5 cm, ca. 3 cm hoch
- 2 Rohholzperlen, ø 2,5 cm
- Holzknopf, ø 1,5 cm
- Bastelfarbe in Hautfarbe, Rot und Weiß
- Styroporkugel, ø 9 cm
- Stoff in Rot/Weiß kariert, 25 cm x 25 cm
- Figurendraht in Natur, ø 1,5 cm, 40 cm lang
- Papierdraht in Natur, ø 2 mm, 40 cm lang
- Draht in Schwarz, ø 0,2 mm, 25 cm lang
- Füllwatte
- scharfes Messer

VORLAGEN-BOGEN 2B

Engel-Klangspiel

1 Die Tontöpfe bemalen und die Holzkugeln hautfarben grundieren. Das Gesicht mit wasserfesten Filzstiften aufmalen, die Wangen mit Buntstiftspänen röten. Alles mit Klarlack lackieren.

2 Für die Befestigung der Arme 20 cm Seil, für die Beine 2 x 10 cm Seil abschneiden. Holzkugeln als Hände und Tontöpfe als Füße auffädeln, dann die Seilenden verknoten. Die Seile für die Beine innen in den Topf kleben.

3 Das restliche Seil in drei 50 cm lange Stücke schneiden und die Klangstäbe daran hängen. Über den Klangstäben die drei Seile zusammen verknoten. Die drei Seilenden durch die Öffnung des Tontopfes (ø 14 cm), durch den Körper des Engels und die Holzkugel weiterführen. Die überstehenden Reste flechten und die Enden verknoten. Das Seil für die Arme um den Hals legen und verknoten.

4 Den Kragen und die Flügel aus Metallfolie prägen, dann ausschneiden. Das Engelshaar auf dem Kopf mit Alleskleber befestigen. 40 cm Basteldraht um einen Schaschlikstab drehen, abziehen, als Heiligenschein um den Kopf des Engels legen, dann die Enden miteinander verdrehen.

Weihnachtswichtel

1 Dachziegel, Holzperlen und Tontöpfe bemalen. Die Styroporkugel mit einem Messer halbieren, hautfarben grundieren und das Gesicht mit wasserfesten Filzstiften aufmalen. Die Wangen mit Buntstiftspänen röten. Alles mit Klarlack überziehen und trocknen lassen.

2 Die Mütze zuschneiden und an den seitlichen Rän-

dern mit Alleskleber zusammenkleben. Nach dem Trocknen wenden, mit Füllwatte ausstopfen, die unteren Ränder nach innen schlagen und auf den Kopf kleben.

3 Tontopf und Kopf gemäß der Abbildung mit Sekundenkleber auf den Dachziegel kleben. Den Figurendraht in vier gleich lange Teile schneiden, an die Enden die Holzperlen und die kleinen Tontöpfe kleben.

4 15 cm x 5 cm große Stoffstreifen zu Schleifen legen und mit je 12,5 cm Draht zusammenbinden. Die Enden des Drahtes um einen Stift wickeln und wieder abziehen. Die Schleifen sowie den 2,5 cm x 2,5 cm großen Flicken samt Knopf mit Sekundenkleber befestigen. Als Aufhängung den Papierdraht durch die Bohrungen ziehen.

SALZ

Eisiger Helfer

→ Box für Streusalz

1 Alle Teile für den Eisbär aus Sperrholz aussägen. Für den Kasten für die Vorderseite ein 30,5 cm breites und 19 cm hohes, für die Seitenteile je ein 26,6 cm breites und 19 cm hohes und für den Boden ein 25 cm breites und 30,5 cm langes Stück Sperrholz aussägen. Das Teil für die Rückseite gemäß Vorlage verlängern. Alles schmirgeln.

2 Die Teile bemalen. Schattierungen an den Ohren und an der Schnauze mit verdünnter brauner Farbe anbringen. Das Gesicht und die Beschriftung mit wasserfesten Filzstiften anbringen, die Wangen mir Buntstiftspänen röten. Die weiße Bemalung auf dem Kasten mit einem Schwamm auftupfen, den Knoten am Schal mit weißer Farbe akzentuieren.

3 Anschließend die Teile mit Klarlack lackieren, trocknen lassen und zusammenkleben. Für den Kasten Vorder- und Rückseite sowie die beiden Seitenteile an den Boden leimen. Zur Stabilisierung eventuell zusätzlich mit kleinen Schrauben oder Nägeln fixieren.

Tipp: **Schreiben Sie auf das Schild „Frohes Fest" und bepflanzen Sie den Kasten.**

MOTIVHÖHE
ca. 65 cm

MATERIAL

- Pappelsperrholz, 8 mm stark, 90 cm x 70 cm
- Bastelfarbe in Weiß, Braun, Schwarz, Flieder, Grau und Blau

VORLAGENBOGEN 3A

Knuddeliger Weihnachtsbär

→ ausgefallener Dekobesen

1 Alle Teile aus Sperrholz aussägen, die Bohrungen (ø 2 mm) anbringen und schleifen.

2 Dann alles bemalen, das Gesicht mit wasserfesten Filzstiften, die Wangen mit Buntstiftspänen röten. Nach dem Trocknen mit Klarlack lackieren und den Teddy zusammenleimen. Die Holzknöpfe aufkleben.

3 10 cm Draht um den Hals des Teddys und den Besen schlingen und auf der Rückseite des Besens verdrehen. Dann die Schleife um den Hals des Teddys binden.

4 Zwei 1 m und ein 50 cm langes Stück Draht um einen Schaschlikstab wickeln. Auf beide Enden der 1 m langen Drähte je einen Stern ziehen und den Draht verdrehen. Einen Stern am 50 cm langen Draht befestigen. Die Drähte um den Besenstiel wickeln und verdrehen.

MOTIVHÖHE
ca. 70 cm

MATERIAL
- Pappelsperrholz, 1,2 cm stark, 50 cm x 30 cm
- Deko-Besen, ca. 30 cm breit, ca. 70 cm hoch
- Bastelfarbe in Rot, Grün, Braun und Schwarz
- Draht in Schwarz, ø 1 mm
- 2 Astknöpfe in Natur, ø 2 cm
- Band in Rot-Weiß kariert, 6 cm breit, 60 cm lang
- Bohrer, ø 2 mm

VORLAGENBOGEN 3A

Leuchtender Elch

→ wünscht ein frohes Fest

MOTIVHÖHE
ca. 1,15 m

MATERIAL
- Pappelsperrholz, 8 mm stark, 80 cm x 55 cm
- Bastlerholz, 2 cm stark, 12 cm breit, 1 m lang
- Bastelfarbe in Grau, Ocker, Schwarz, Rot, Grün, Beige und Arktisblau
- Stoff in Blau-Weiß kariert, 60 cm x 18 cm
- Zackenschere
- Senkkopfschraube, 3 mm x 2 cm
- 3 Senkkopfschrauben, 3,5 mm x 4 cm
- Außenlichterkette (40 Birnchen)
- Bohrer, ø je nach Birnchengröße, hier 7 mm

VORLAGENBOGEN 3B

1 Vom Bastlerholz 32 cm als Standfläche absägen, beide Teile arktisblau bemalen und mit Klarlack lackieren. Die Standfläche von unten mittig senkrecht an den Körper leimen und verschrauben (zwei Schrauben, 3,5 mm x 4 cm).

2 Den Kopf, die Hufe und das Schild aussägen, die Bohrungen (ø 7 mm) anbringen, dann schleifen und bemalen. Den Kopf in Ocker und Beige gemäß der Abbildung etwas schattieren. Die Beschriftung, das Gesicht und alle feinen Linien mit wasserfesten Filzstiften aufbringen, die Wangen mit Buntstiftspänen röten. Nach dem Trocknen Klarlack auftragen und die Hufe auf das Schild leimen.

3 Den Kopf mit der größeren Schraube am Körper befestigen, anschließend das Schild mit der kleineren Senkkopfschraube. Evtl. die Schrauben etwas übermalen. Das Halstuch mit einer Zackenschere zuschneiden und umbinden. Dann die Birnchen von hinten vorsichtig in die Bohrlöcher stecken.

FROHES
FEST

Dekorative Schneeschippe

→ nur zum Anschauen

MOTIVHÖHE
ca. 132 cm

MATERIAL
- Schneeschippe aus Metall, 44 cm x 34 cm, 1,32 m hoch
- Kohlepapier
- Bastelfarbe in Graublau, Weiß, Rot, Gelb, Hautfarbe, Schwarz, Braun, Beige und Grün
- Band in Rot-Grün kariert, 4 cm breit, 2 m lang
- Tannenzweig
- Draht in Schwarz, ø 1 mm

VORLAGEN-BOGEN 4A

1 Vor dem Bemalen Stiel und Klammer entfernen. Dann die Schippe graublau grundieren. Das Motiv mit Kohlepapier übertragen und aufmalen. Das Gesicht mit wasserfesten Filzstiften malen, die Wangen mit Buntstiftspänen röten. Nach dem Trocknen mit Klarlack überziehen. Ist dieser trocken, den Stiel mit der Klammer wieder befestigen.

2 Das Band zur einer Schleife legen, mit etwas Draht fixieren und um den Stiel der Schaufel binden. Den Tannenzweig hinter der Schleife mit Draht anbringen.

Tipp: **Statt einer Schippe aus Metall können Sie auch eine Holzschippe verwenden.**

Weihnachtsmann mit Freunden

→ freche Löffelkerlchen

MOTIVHÖHE
ca. 95 cm

MATERIAL
- Kochlöffel mit runder Kelle, ø ca. 10,5 cm, 1 m lang
- 3 Kochlöffel mit ovaler Kelle, ca. 4 cm x 7 cm, 28 cm lang
- Pappelsperrholz, 4 mm stark, 40 cm x 40 cm
- Pappelsperrholz, 1,2 cm stark, 20 cm x 20 cm
- Rundholz, ø 1 cm, 50 cm lang
- Holzwäscheklammer, 7,2 cm lang
- Bastelfarbe in Rot, Weiß, Hautfarbe, Grau, Ocker, Blau, Arktis, Gelb, Beige und Schwarz
- Jutesack, 23 cm x 26 cm
- 2 künstliche Äpfel am Draht, ø ca. 5 cm
- künstlicher Tannenzweig, ca. 25 cm lang
- Mistelzweig, ca. 25 cm lang
- Schleifenband in Rot-Weiß kariert, 4 cm breit, 50 cm lang
- Papierdraht in Natur, ø 2 mm, 12 cm lang
- 3 Goldglöckchen, ø 9 mm
- Füllwatte
- 2 Senkkopfschrauben, 3 mm x 2 cm
- Senkkopfschraube, 3 mm x 4 cm
- Bohrer, ø 2 mm und 1 cm

VORLAGENBOGEN 4A

1 Alle Teile aus Sperrholz aussägen (Standfläche: 20 cm x 20 cm). Die Bohrungen (ø 2 mm) anbringen, schmirgeln und bemalen (Standfläche gemäß Abbildung). Das Gesicht mit wasserfesten Filzstiften malen, die Wangen mit Buntstiftspänen röten.

2 Die kleinen Löffel auf ca. 10 cm kürzen, den großen Löffel auf ca. 90 cm kürzen. Beim großen Löffel 28 cm vom oberen Rand entfernt seitlich durchgehend eine Bohrung (ø 1 cm) anbringen. Die Löffel und das Rundholz bemalen. Alle Teile aus Holz mit Klarlack lackieren.

3 Das Rundholz bis zur Mitte durch die Bohrung am großen Löffel schieben. Mütze und Bart des Weihnachtsmannes von der Rückseite des Löffels mit zwei Schrauben (3 mm x 2 cm) festschrauben. Den Oberlippenbart von der Vorderseite ankleben. Die Stiefel anleimen.

4 Die Standfläche von der Unterseite mit der langen Schraube mittig an den Löffelstiel schrauben.

5 Geweihe, Ohren und Kragen an die Elche leimen. Je 4 cm Papierdraht durch die Bohrungen an den Kragen ziehen und daran die Glöckchen hängen. Anschließend die Elche und den Stern gemäß der Abbildung an das Rundholz leimen.

6 Ca. 40 cm vom oberen Rand entfernt die Wäscheklammer auf die Vorderseite des Löffelstieles leimen.

7 Den Sack mit etwas Watte ausstopfen, die Zweige und Äpfel hineinstecken. Das Band um den Sack schlingen und zu einer Schleife binden, dann an die Wäscheklammer hängen.

Treppenhocker

→ frostige Freunde

MOTIVHÖHE
ca. 50 cm

MATERIAL
- Pappelsperrholz, 8 mm stark, 47 cm x 35 cm
- Bastelfarbe in Weiß, Schwarz, Hautfarbe, Arktis und Orange
- Plusterfarbe in Weiß
- 2 Windlichtgläser, ø 5,5 cm, 6 cm hoch
- 2 Teelichter
- 6 Senkkopfschrauben, 3 mm x 2 cm

VORLAGEN-BOGEN 4B

1 Alle Teile aussägen, schleifen und bemalen. Die Gesichter mit wasserfesten Filzstiften malen, die Wangen mit Buntstiftspänen röten und die Pelzbesätze mit Plusterfarbe verzieren. Nach dem Trocknen alle Teile mit Klarlack überziehen und trocknen lassen.

2 Sitzfläche, Beine und Körper des Eskimos je rechtwinklig aufeinander leimen, zur Stabilisierung Schrauben eindrehen. Die Arme von der Seite anschrauben. Den zusammengeleimten Pinguin und das Gesicht auf den Körper leimen.

3 Auf der Sitzfläche die Windlichtgläser dekorieren.

Tipp: Der Eskimo sieht auch als Zaunfigur lustig aus. Sägen Sie die Sitzfläche etwa schmäler und befestigen Sie ihn mit Schrauben an den Zaunlatten.

Schneemannwindlicht

→ drei Freunde im Schnee

MOTIVHÖHE
ca. 35 cm

MATERIAL
- Pappelsperrholz, 8 mm stark, 25 cm x 35 cm
- Astscheibe mit Rinde, ca. 3 cm stark, ø 27 cm
- Kantholz, 1 cm x 1 cm, 18 cm lang
- Konservendose, ø 7,5 cm, 8,5 cm hoch
- Bastelfarbe in Schwarz, Weiß, Orange, Rot, Ocker, Arktisblau, Dunkelblau, Rotviolett, Olivgrün und Braun
- Bast in Natur
- Sand
- Kerze in Rot, ø 5 cm, 6,5 cm hoch
- Kohlepapier

VORLAGEN-

1 Das Motiv aussägen, schleifen und bemalen. Zuerst die Flächen bemalen, anschließend die Konturen nochmals nachziehen. Hände und Körperkonturen der kleinen Schneemänner mit verdünnter, brauner Farbe betonen und mit einem Papiertuch etwas verwischen. Gesichter mit wasserfesten Filzstiften aufmalen, die Wangen mit Buntstiftspänen röten. Die Bemalung auf dem Hut des großen Schneemanns mit einem trockenen Pinsel mit weißer Bastelfarbe auftragen.

2 Auf die Astscheibe die Ilexblätter malen. Die Dose arktisfarben grundieren. Das Motiv mit Kohlepapier übertragen und aufmalen. Nach dem Trocknen die Schneemänner, die Astscheibe, das Kantholz und die Dose mit Klarlack überziehen.

3 Nach dem Trocknen das Kantholz gemäß der Abbildung auf die Astscheibe leimen und trocknen lassen. Dann die Schneemänner daran leimen. Die Dose mit Sekundenkleber auf die Astscheibe kleben. Um die Dose den Bast binden und verknoten. Mit Sand füllen und mit der Kerze dekorieren.

Willkommensschild

→ herzlicher Empfang

MOTIVHÖHE
ca. 27 cm

MATERIAL
- Pappelsperrholz, 1,2 cm stark, 35 cm x 35 cm
- Bastelfarbe in Weinrot, Graublau, Gelb, Hautfarbe, Braun, Dunkelgrün und Beige
- Bast in Natur
- Schraubhaken in Silber, 10 mm x 4 mm
- Basteldraht in Schwarz, ø 1 mm, 35 cm lang
- Krakelierlack
- Bohrer, ø 3 mm

VORLAGENBOGEN 1A

1 Alle Teile aussägen. Die Bohrungen (ø 3 mm) anbringen und schleifen.

2 Das Schild mit verdünnter, grüner Farbe bemalen. Nach dem Trocknen Krakelierlack auftragen, trocknen lassen, dann Beige aufmalen.

3 Die Karos auf der Mütze des Jungen mit einem trockenen Pinsel und beiger Farbe malen. Gesichter, Schriftzug und die Nähte am Herz und das Karo-Muster mit wasserfesten Filzstiften malen, die Wangen mit Buntstiftspänen röten.

4 Die Teile aufeinander leimen und Bast um die Mütze des Jungen binden. Aufhängedraht in der gewünschten Länge zum Formen der Spiralen um einen Schaschlikstab wickeln, dann durch die Löcher ziehen und die Drahtenden verdrehen.

DIESES BUCH ENTHÄLT 4 VORLAGENBOGEN

IMPRESSUM

FOTOS: frechverlag GmbH, 70499 Stuttgart; Fotostudio Ullrich & Co., Renningen
DRUCK: frechdruck GmbH, 70499 Stuttgart

Auflage: 5. 4. 3. 2. 1.
Jahr: 2008 2007 2006 2005 2004 [Letzte Zahlen maßgebend]

ISBN 3-7724-3296-4
Best.-Nr. 3296